THIS PLANNER BELONGS TO

. . . .

. . . .

. . . .

MY DAILY PLANNER

DATE : . . . .

Mo	Tu	We	Th	Fr	Sa	Su
☐	☐	☐	☐	☐	☐	☐

——— SCHEDULE ———

06H00 ·
07H00 ·
08H00 ·
09H00 ·
10H00 ·
11H00 ·
12H00 ·
13H00 ·
14H00 ·
15H00 ·
16H00 ·
17H00 ·
18H00 ·
19H00 ·
20H00 ·
21H00 ·
22H00 ·
23H00 ·

——— TOP PRIORITIES ———

. . . .
. . . .
. . . .
. . . .
. . . .

——— TO DO LIST ———

. . . .
. . . .
. . . .
. . . .

——— NOTES ———

. . . .
. . . .
. . . .
. . . .
. . . .
. . . .

MY DAILY PLANNER

DATE : . . . .

Mo	Tu	We	Th	Fr	Sa	Su
☐	☐	☐	☐	☐	☐	☐

——— SCHEDULE ———

06H00 . . . .

07H00 . . . .

08H00 . . . .

09H00 . . . .

10H00 . . . .

11H00 . . . .

12H00 . . . .

13H00 . . . .

14H00 . . . .

15H00 . . . .

16H00 . . . .

17H00 . . . .

18H00 . . . .

19H00 . . . .

20H00 . . . .

21H00 . . . .

22H00 . . . .

23H00 . . . .

——— TOP PRIORITIES ———

. . . .

. . . .

. . . .

. . . .

. . . .

——— TO DO LIST ———

. . . .

. . . .

. . . .

. . . .

——— NOTES ———

. . . .

. . . .

. . . .

. . . .

. . . .

. . . .

. . . .

MY DAILY PLANNER

DATE : . . . .

Mo	Tu	We	Th	Fr	Sa	Su
☐	☐	☐	☐	☐	☐	☐

———— SCHEDULE ————

06H00 . . . .

07H00 . . . .

08H00 . . . .

09H00 . . . .

10H00 . . . .

11H00 . . . .

12H00 . . . .

13H00 . . . .

14H00 . . . .

15H00 . . . .

16H00 . . . .

17H00 . . . .

18H00 . . . .

19H00 . . . .

20H00 . . . .

21H00 . . . .

22H00 . . . .

23H00 . . . .

———— TOP PRIORITIES ————

. . . .

. . . .

. . . .

. . . .

. . . .

———— TO DO LIST ————

. . . .

. . . .

. . . .

. . . .

. . . .

. . . .

———— NOTES ————

. . . .

. . . .

. . . .

. . . .

. . . .

. . . .

. . . .

MY DAILY PLANNER

DATE : . . . .

Mo	Tu	We	Th	Fr	Sa	Su
☐	☐	☐	☐	☐	☐	☐

SCHEDULE

06H00 ·
07H00 ·
08H00 ·
09H00 ·
10H00 ·
11H00 ·
12H00 ·
13H00 ·
14H00 ·
15H00 ·
16H00 ·
17H00 ·
18H00 ·
19H00 ·
20H00 ·
21H00 ·
22H00 ·
23H00 ·

TOP PRIORITIES

· ·
· ·
· ·
· ·
· ·

TO DO LIST

· ·
· ·
· ·
· ·
· ·

NOTES

· ·
· ·
· ·
· ·
· ·
· ·

MY DAILY PLANNER

DATE : ·   Mo Tu We Th Fr Sa Su

☐ ☐ ☐ ☐ ☐ ☐ ☐

———— SCHEDULE ————

———— TOP PRIORITIES ————

06H00 ·

07H00 ·

08H00 ·

09H00 ·

10H00 ·

———— TO DO LIST ————

11H00 ·

12H00 ·

13H00 ·

14H00 ·

15H00 ·

16H00 ·

———— NOTES ————

17H00 ·

18H00 ·

19H00 ·

20H00 ·

21H00 ·

22H00 ·

23H00 ·

MY DAILY PLANNER

DATE : . . . .

Mo	Tu	We	Th	Fr	Sa	Su
☐	☐	☐	☐	☐	☐	☐

SCHEDULE

06H00 . . . .
07H00 . . . .
08H00 . . . .
09H00 . . . .
10H00 . . . .
11H00 . . . .
12H00 . . . .
13H00 . . . .
14H00 . . . .
15H00 . . . .
16H00 . . . .
17H00 . . . .
18H00 . . . .
19H00 . . . .
20H00 . . . .
21H00 . . . .
22H00 . . . .
23H00 . . . .

TOP PRIORITIES

. . . .
. . . .
. . . .
. . . .
. . . .

TO DO LIST

. . . .
. . . .
. . . .
. . . .
. . . .

NOTES

. . . .
. . . .
. . . .
. . . .
. . . .
. . . .
. . . .

MY DAILY PLANNER

DATE : . . . .

Mo	Tu	We	Th	Fr	Sa	Su
☐	☐	☐	☐	☐	☐	☐

SCHEDULE

06H00 . . . .
07H00 . . . .
08H00 . . . .
09H00 . . . .
10H00 . . . .
11H00 . . . .
12H00 . . . .
13H00 . . . .
14H00 . . . .
15H00 . . . .
16H00 . . . .
17H00 . . . .
18H00 . . . .
19H00 . . . .
20H00 . . . .
21H00 . . . .
22H00 . . . .
23H00 . . . .

TOP PRIORITIES

. . . .
. . . .
. . . .
. . . .
. . . .

TO DO LIST

. . . .
. . . .
. . . .
. . . .
. . . .
. . . .

NOTES

. . . .
. . . .
. . . .
. . . .
. . . .
. . . .

MY DAILY PLANNER

DATE : . . . .

Mo	Tu	We	Th	Fr	Sa	Su
☐	☐	☐	☐	☐	☐	☐

SCHEDULE

06H00 . . . .

07H00 . . . .

08H00 . . . .

09H00 . . . .

10H00 . . . .

11H00 . . . .

12H00 . . . .

13H00 . . . .

14H00 . . . .

15H00 . . . .

16H00 . . . .

17H00 . . . .

18H00 . . . .

19H00 . . . .

20H00 . . . .

21H00 . . . .

22H00 . . . .

23H00 . . . .

TOP PRIORITIES

. . . .

. . . .

. . . .

. . . .

. . . .

TO DO LIST

. . . .

. . . .

. . . .

. . . .

. . . .

NOTES

. . . .

. . . .

. . . .

. . . .

. . . .

. . . .

. . . .

MY DAILY PLANNER

DATE : . . . .

Mo Tu We Th Fr Sa Su
☐ ☐ ☐ ☐ ☐ ☐ ☐

SCHEDULE

06H00 . . . .
07H00 . . . .
08H00 . . . .
09H00 . . . .
10H00 . . . .
11H00 . . . .
12H00 . . . .
13H00 . . . .
14H00 . . . .
15H00 . . . .
16H00 . . . .
17H00 . . . .
18H00 . . . .
19H00 . . . .
20H00 . . . .
21H00 . . . .
22H00 . . . .
23H00 . . . .

TOP PRIORITIES

. . . .
. . . .
. . . .
. . . .
. . . .

TO DO LIST

. . . .
. . . .
. . . .
. . . .
. . . .

NOTES

. . . .
. . . .
. . . .
. . . .
. . . .
. . . .
. . . .

MY DAILY PLANNER

DATE : . . . .

Mo	Tu	We	Th	Fr	Sa	Su
☐	☐	☐	☐	☐	☐	☐

SCHEDULE

06H00 . . . .
07H00 . . . .
08H00 . . . .
09H00 . . . .
10H00 . . . .
11H00 . . . .
12H00 . . . .
13H00 . . . .
14H00 . . . .
15H00 . . . .
16H00 . . . .
17H00 . . . .
18H00 . . . .
19H00 . . . .
20H00 . . . .
21H00 . . . .
22H00 . . . .
23H00 . . . .

TOP PRIORITIES

. . . .
. . . .
. . . .
. . . .
. . . .

TO DO LIST

. . . .
. . . .
. . . .
. . . .
. . . .

NOTES

. . . .
. . . .
. . . .
. . . .

MY DAILY PLANNER

DATE : . . . .

Mo ☐ Tu ☐ We ☐ Th ☐ Fr ☐ Sa ☐ Su ☐

—— SCHEDULE ——

06H00 . . . .

07H00 . . . .

08H00 . . . .

09H00 . . . .

10H00 . . . .

11H00 . . . .

12H00 . . . .

13H00 . . . .

14H00 . . . .

15H00 . . . .

16H00 . . . .

17H00 . . . .

18H00 . . . .

19H00 . . . .

20H00 . . . .

21H00 . . . .

22H00 . . . .

23H00 . . . .

—— TOP PRIORITIES ——

. . . .

. . . .

. . . .

. . . .

. . . .

—— TO DO LIST ——

. . . .

. . . .

. . . .

. . . .

. . . .

—— NOTES ——

. . . .

. . . .

. . . .

. . . .

. . . .

. . . .

MY DAILY PLANNER

DATE : . . . .

Mo	Tu	We	Th	Fr	Sa	Su
☐	☐	☐	☐	☐	☐	☐

—— SCHEDULE ——

06H00 . . . .

07H00 . . . .

08H00 . . . .

09H00 . . . .

10H00 . . . .

11H00 . . . .

12H00 . . . .

13H00 . . . .

14H00 . . . .

15H00 . . . .

16H00 . . . .

17H00 . . . .

18H00 . . . .

19H00 . . . .

20H00 . . . .

21H00 . . . .

22H00 . . . .

23H00 . . . .

—— TOP PRIORITIES ——

. . . .

. . . .

. . . .

. . . .

. . . .

—— TO DO LIST ——

. . . .

. . . .

. . . .

. . . .

. . . .

—— NOTES ——

. . . .

. . . .

. . . .

. . . .

. . . .

. . . .

. . . .

MY DAILY PLANNER

DATE : . . . .

Mo	Tu	We	Th	Fr	Sa	Su
☐	☐	☐	☐	☐	☐	☐

———— SCHEDULE ————

06H00 . . . .
07H00 . . . .
08H00 . . . .
09H00 . . . .
10H00 . . . .
11H00 . . . .
12H00 . . . .
13H00 . . . .
14H00 . . . .
15H00 . . . .
16H00 . . . .
17H00 . . . .
18H00 . . . .
19H00 . . . .
20H00 . . . .
21H00 . . . .
22H00 . . . .
23H00 . . . .

———— TOP PRIORITIES ————

. . . .
. . . .
. . . .
. . . .
. . . .

———— TO DO LIST ————

. . . .
. . . .
. . . .
. . . .
. . . .

———— NOTES ————

. . . .
. . . .
. . . .
. . . .
. . . .
. . . .
. . . .

MY DAILY PLANNER

DATE : . . . .

Mo Tu We Th Fr Sa Su
☐ ☐ ☐ ☐ ☐ ☐ ☐

SCHEDULE

06H00 . . . .
07H00 . . . .
08H00 . . . .
09H00 . . . .
10H00 . . . .
11H00 . . . .
12H00 . . . .
13H00 . . . .
14H00 . . . .
15H00 . . . .
16H00 . . . .
17H00 . . . .
18H00 . . . .
19H00 . . . .
20H00 . . . .
21H00 . . . .
22H00 . . . .
23H00 . . . .

TOP PRIORITIES

. . . .
. . . .
. . . .
. . . .
. . . .

TO DO LIST

. . . .
. . . .
. . . .
. . . .
. . . .

NOTES

. . . .
. . . .
. . . .
. . . .
. . . .
. . . .
. . . .

MY DAILY PLANNER

DATE : . . . .

Mo	Tu	We	Th	Fr	Sa	Su
☐	☐	☐	☐	☐	☐	☐

—— SCHEDULE ——

06H00 . . . .

07H00 . . . .

08H00 . . . .

09H00 . . . .

10H00 . . . .

11H00 . . . .

12H00 . . . .

13H00 . . . .

14H00 . . . .

15H00 . . . .

16H00 . . . .

17H00 . . . .

18H00 . . . .

19H00 . . . .

20H00 . . . .

21H00 . . . .

22H00 . . . .

23H00 . . . .

—— TOP PRIORITIES ——

. . . .

. . . .

. . . .

. . . .

. . . .

—— TO DO LIST ——

. . . .

. . . .

. . . .

. . . .

. . . .

. . . .

—— NOTES ——

. . . .

. . . .

. . . .

. . . .

. . . .

. . . .

. . . .

MY DAILY PLANNER

DATE : . . . .

Mo	Tu	We	Th	Fr	Sa	Su
☐	☐	☐	☐	☐	☐	☐

SCHEDULE

06H00 ·
07H00 ·
08H00 ·
09H00 ·
10H00 ·
11H00 ·
12H00 ·
13H00 ·
14H00 ·
15H00 ·
16H00 ·
17H00 ·
18H00 ·
19H00 ·
20H00 ·
21H00 ·
22H00 ·
23H00 ·

TOP PRIORITIES

TO DO LIST

NOTES

MY DAILY PLANNER

DATE : . . . .

Mo	Tu	We	Th	Fr	Sa	Su
☐	☐	☐	☐	☐	☐	☐

SCHEDULE

06H00 . . . .
07H00 . . . .
08H00 . . . .
09H00 . . . .
10H00 . . . .
11H00 . . . .
12H00 . . . .
13H00 . . . .
14H00 . . . .
15H00 . . . .
16H00 . . . .
17H00 . . . .
18H00 . . . .
19H00 . . . .
20H00 . . . .
21H00 . . . .
22H00 . . . .
23H00 . . . .

TOP PRIORITIES

TO DO LIST

NOTES

MY DAILY PLANNER

DATE : . . . .

Mo Tu We Th Fr Sa Su
☐ ☐ ☐ ☐ ☐ ☐ ☐

———— SCHEDULE ————

06H00 . . . .

07H00 . . . .

08H00 . . . .

09H00 . . . .

10H00 . . . .

11H00 . . . .

12H00 . . . .

13H00 . . . .

14H00 . . . .

15H00 . . . .

16H00 . . . .

17H00 . . . .

18H00 . . . .

19H00 . . . .

20H00 . . . .

21H00 . . . .

22H00 . . . .

23H00 . . . .

———— TOP PRIORITIES ————

. . . .

. . . .

. . . .

. . . .

. . . .

———— TO DO LIST ————

. . . .

. . . .

. . . .

. . . .

. . . .

———— NOTES ————

. . . .

. . . .

. . . .

. . . .

. . . .

. . . .

. . . .

MY DAILY PLANNER

DATE : . . . .

Mo	Tu	We	Th	Fr	Sa	Su
☐	☐	☐	☐	☐	☐	☐

SCHEDULE

06H00 . . . .
07H00 . . . .
08H00 . . . .
09H00 . . . .
10H00 . . . .
11H00 . . . .
12H00 . . . .
13H00 . . . .
14H00 . . . .
15H00 . . . .
16H00 . . . .
17H00 . . . .
18H00 . . . .
19H00 . . . .
20H00 . . . .
21H00 . . . .
22H00 . . . .
23H00 . . . .

TOP PRIORITIES

. . . .
. . . .
. . . .
. . . .
. . . .

TO DO LIST

. . . .
. . . .
. . . .
. . . .
. . . .
. . . .

NOTES

. . . .
. . . .
. . . .
. . . .
. . . .
. . . .

MY DAILY PLANNER

DATE : . . . .

Mo	Tu	We	Th	Fr	Sa	Su
☐	☐	☐	☐	☐	☐	☐

SCHEDULE

06H00 . . . .
07H00 . . . .
08H00 . . . .
09H00 . . . .
10H00 . . . .
11H00 . . . .
12H00 . . . .
13H00 . . . .
14H00 . . . .
15H00 . . . .
16H00 . . . .
17H00 . . . .
18H00 . . . .
19H00 . . . .
20H00 . . . .
21H00 . . . .
22H00 . . . .
23H00 . . . .

TOP PRIORITIES

. . . .
. . . .
. . . .
. . . .
. . . .

TO DO LIST

. . . .
. . . .
. . . .
. . . .
. . . .

NOTES

. . . .
. . . .
. . . .
. . . .
. . . .

MY DAILY PLANNER

DATE : . . . .

	Mo	Tu	We	Th	Fr	Sa	Su
	☐	☐	☐	☐	☐	☐	☐

SCHEDULE

06H00 . . . .
07H00 . . . .
08H00 . . . .
09H00 . . . .
10H00 . . . .
11H00 . . . .
12H00 . . . .
13H00 . . . .
14H00 . . . .
15H00 . . . .
16H00 . . . .
17H00 . . . .
18H00 . . . .
19H00 . . . .
20H00 . . . .
21H00 . . . .
22H00 . . . .
23H00 . . . .

TOP PRIORITIES

TO DO LIST

NOTES

MY DAILY PLANNER

DATE : . . . .

Mo ☐ Tu ☐ We ☐ Th ☐ Fr ☐ Sa ☐ Su ☐

SCHEDULE

06H00 . . . .
07H00 . . . .
08H00 . . . .
09H00 . . . .
10H00 . . . .
11H00 . . . .
12H00 . . . .
13H00 . . . .
14H00 . . . .
15H00 . . . .
16H00 . . . .
17H00 . . . .
18H00 . . . .
19H00 . . . .
20H00 . . . .
21H00 . . . .
22H00 . . . .
23H00 . . . .

TOP PRIORITIES

. . . .
. . . .
. . . .
. . . .
. . . .

TO DO LIST

. . . .
. . . .
. . . .
. . . .
. . . .

NOTES

. . . .
. . . .
. . . .
. . . .
. . . .
. . . .
. . . .
. . . .

MY DAILY PLANNER

DATE : . . . .

Mo ☐ Tu ☐ We ☐ Th ☐ Fr ☐ Sa ☐ Su ☐

SCHEDULE

06H00 . . . .
07H00 . . . .
08H00 . . . .
09H00 . . . .
10H00 . . . .
11H00 . . . .
12H00 . . . .
13H00 . . . .
14H00 . . . .
15H00 . . . .
16H00 . . . .
17H00 . . . .
18H00 . . . .
19H00 . . . .
20H00 . . . .
21H00 . . . .
22H00 . . . .
23H00 . . . .

TOP PRIORITIES

. . . .
. . . .
. . . .
. . . .
. . . .

TO DO LIST

. . . .
. . . .
. . . .
. . . .
. . . .
. . . .

NOTES

. . . .
. . . .
. . . .
. . . .
. . . .
. . . .
. . . .
. . . .

MY DAILY PLANNER

DATE : ·

Mo Tu We Th Fr Sa Su
☐ ☐ ☐ ☐ ☐ ☐ ☐

SCHEDULE

06H00 ·
07H00 ·
08H00 ·
09H00 ·
10H00 ·
11H00 ·
12H00 ·
13H00 ·
14H00 ·
15H00 ·
16H00 ·
17H00 ·
18H00 ·
19H00 ·
20H00 ·
21H00 ·
22H00 ·
23H00 ·

TOP PRIORITIES

· ·
· ·
· ·
· ·
· ·

TO DO LIST

· ·
· ·
· ·
· ·
· ·
· ·

NOTES

· ·
· ·
· ·
· ·
· ·
· ·
· ·

MY DAILY PLANNER

DATE: . . . .

Mo	Tu	We	Th	Fr	Sa	Su
☐	☐	☐	☐	☐	☐	☐

SCHEDULE

06H00 . . . .
07H00 . . . .
08H00 . . . .
09H00 . . . .
10H00 . . . .
11H00 . . . .
12H00 . . . .
13H00 . . . .
14H00 . . . .
15H00 . . . .
16H00 . . . .
17H00 . . . .
18H00 . . . .
19H00 . . . .
20H00 . . . .
21H00 . . . .
22H00 . . . .
23H00 . . . .

TOP PRIORITIES

TO DO LIST

NOTES

MY DAILY PLANNER

DATE : . . . .

Mo	Tu	We	Th	Fr	Sa	Su
☐	☐	☐	☐	☐	☐	☐

SCHEDULE

06H00 . . . .
07H00 . . . .
08H00 . . . .
09H00 . . . .
10H00 . . . .
11H00 . . . .
12H00 . . . .
13H00 . . . .
14H00 . . . .
15H00 . . . .
16H00 . . . .
17H00 . . . .
18H00 . . . .
19H00 . . . .
20H00 . . . .
21H00 . . . .
22H00 . . . .
23H00 . . . .

TOP PRIORITIES

TO DO LIST

NOTES

MY DAILY PLANNER

DATE : . . . .

Mo	Tu	We	Th	Fr	Sa	Su
☐	☐	☐	☐	☐	☐	☐

SCHEDULE

06H00 . . . .

07H00 . . . .

08H00 . . . .

09H00 . . . .

10H00 . . . .

11H00 . . . .

12H00 . . . .

13H00 . . . .

14H00 . . . .

15H00 . . . .

16H00 . . . .

17H00 . . . .

18H00 . . . .

19H00 . . . .

20H00 . . . .

21H00 . . . .

22H00 . . . .

23H00 . . . .

TOP PRIORITIES

TO DO LIST

NOTES

MY DAILY PLANNER

DATE : . . . .

	Mo	Tu	We	Th	Fr	Sa	Su
	☐	☐	☐	☐	☐	☐	☐

——— SCHEDULE ———

06H00 . . . .

07H00 . . . .

08H00 . . . .

09H00 . . . .

10H00 . . . .

11H00 . . . .

12H00 . . . .

13H00 . . . .

14H00 . . . .

15H00 . . . .

16H00 . . . .

17H00 . . . .

18H00 . . . .

19H00 . . . .

20H00 . . . .

21H00 . . . .

22H00 . . . .

23H00 . . . .

——— TOP PRIORITIES ———

. . . .

. . . .

. . . .

. . . .

. . . .

——— TO DO LIST ———

. . . .

. . . .

. . . .

. . . .

. . . .

——— NOTES ———

. . . .

. . . .

. . . .

. . . .

. . . .

. . . .

. . . .

. . . .

MY DAILY PLANNER

DATE : . . . .

Mo	Tu	We	Th	Fr	Sa	Su
☐	☐	☐	☐	☐	☐	☐

SCHEDULE

06H00 . . . .

07H00 . . . .

08H00 . . . .

09H00 . . . .

10H00 . . . .

11H00 . . . .

12H00 . . . .

13H00 . . . .

14H00 . . . .

15H00 . . . .

16H00 . . . .

17H00 . . . .

18H00 . . . .

19H00 . . . .

20H00 . . . .

21H00 . . . .

22H00 . . . .

23H00 . . . .

TOP PRIORITIES

TO DO LIST

NOTES

MY DAILY PLANNER

DATE : . . . .

Mo	Tu	We	Th	Fr	Sa	Su
☐	☐	☐	☐	☐	☐	☐

———— SCHEDULE ————

06H00 . . . .

07H00 . . . .

08H00 . . . .

09H00 . . . .

10H00 . . . .

11H00 . . . .

12H00 . . . .

13H00 . . . .

14H00 . . . .

15H00 . . . .

16H00 . . . .

17H00 . . . .

18H00 . . . .

19H00 . . . .

20H00 . . . .

21H00 . . . .

22H00 . . . .

23H00 . . . .

———— TOP PRIORITIES ————

. . . .

. . . .

. . . .

. . . .

. . . .

———— TO DO LIST ————

. . . .

. . . .

. . . .

. . . .

. . . .

———— NOTES ————

. . . .

. . . .

. . . .

. . . .

. . . .

. . . .

MY DAILY PLANNER

DATE : . . . .

Mo	Tu	We	Th	Fr	Sa	Su
☐	☐	☐	☐	☐	☐	☐

SCHEDULE

06H00 . . . .
07H00 . . . .
08H00 . . . .
09H00 . . . .
10H00 . . . .
11H00 . . . .
12H00 . . . .
13H00 . . . .
14H00 . . . .
15H00 . . . .
16H00 . . . .
17H00 . . . .
18H00 . . . .
19H00 . . . .
20H00 . . . .
21H00 . . . .
22H00 . . . .
23H00 . . . .

TOP PRIORITIES

TO DO LIST

NOTES

MY DAILY PLANNER

DATE : . . . .

Mo	Tu	We	Th	Fr	Sa	Su
☐	☐	☐	☐	☐	☐	☐

SCHEDULE

06H00 . . . .
07H00 . . . .
08H00 . . . .
09H00 . . . .
10H00 . . . .
11H00 . . . .
12H00 . . . .
13H00 . . . .
14H00 . . . .
15H00 . . . .
16H00 . . . .
17H00 . . . .
18H00 . . . .
19H00 . . . .
20H00 . . . .
21H00 . . . .
22H00 . . . .
23H00 . . . .

TOP PRIORITIES

. . . .
. . . .
. . . .
. . . .
. . . .

TO DO LIST

. . . .
. . . .
. . . .
. . . .

NOTES

. . . .
. . . .
. . . .
. . . .
. . . .

MY DAILY PLANNER

DATE : . . . .

Mo	Tu	We	Th	Fr	Sa	Su
☐	☐	☐	☐	☐	☐	☐

—— SCHEDULE ——

06H00 . . . .
07H00 . . . .
08H00 . . . .
09H00 . . . .
10H00 . . . .
11H00 . . . .
12H00 . . . .
13H00 . . . .
14H00 . . . .
15H00 . . . .
16H00 . . . .
17H00 . . . .
18H00 . . . .
19H00 . . . .
20H00 . . . .
21H00 . . . .
22H00 . . . .
23H00 . . . .

—— TOP PRIORITIES ——

—— TO DO LIST ——

—— NOTES ——

MY DAILY PLANNER

DATE : . . . .

Mo	Tu	We	Th	Fr	Sa	Su
☐	☐	☐	☐	☐	☐	☐

SCHEDULE

06H00 . . . .
07H00 . . . .
08H00 . . . .
09H00 . . . .
10H00 . . . .
11H00 . . . .
12H00 . . . .
13H00 . . . .
14H00 . . . .
15H00 . . . .
16H00 . . . .
17H00 . . . .
18H00 . . . .
19H00 . . . .
20H00 . . . .
21H00 . . . .
22H00 . . . .
23H00 . . . .

TOP PRIORITIES

TO DO LIST

NOTES

MY DAILY PLANNER

DATE : . . . .

Mo	Tu	We	Th	Fr	Sa	Su
☐	☐	☐	☐	☐	☐	☐

———— SCHEDULE ————

06H00 . . . .

07H00 . . . .

08H00 . . . .

09H00 . . . .

10H00 . . . .

11H00 . . . .

12H00 . . . .

13H00 . . . .

14H00 . . . .

15H00 . . . .

16H00 . . . .

17H00 . . . .

18H00 . . . .

19H00 . . . .

20H00 . . . .

21H00 . . . .

22H00 . . . .

23H00 . . . .

———— TOP PRIORITIES ————

. . . .

. . . .

. . . .

. . . .

. . . .

———— TO DO LIST ————

. . . .

. . . .

. . . .

. . . .

. . . .

———— NOTES ————

. . . .

. . . .

. . . .

. . . .

. . . .

MY DAILY PLANNER

DATE : . . . .

Mo Tu We Th Fr Sa Su
☐   ☐   ☐   ☐   ☐   ☐   ☐

——— SCHEDULE ———

06H00 ·
07H00 ·
08H00 ·
09H00 ·
10H00 ·
11H00 ·
12H00 ·
13H00 ·
14H00 ·
15H00 ·
16H00 ·
17H00 ·
18H00 ·
19H00 ·
20H00 ·
21H00 ·
22H00 ·
23H00 ·

——— TOP PRIORITIES ———

——— TO DO LIST ———

——— NOTES ———

MY DAILY PLANNER

DATE : . . . .

Mo	Tu	We	Th	Fr	Sa	Su
☐	☐	☐	☐	☐	☐	☐

SCHEDULE

06H00 . . . .
07H00 . . . .
08H00 . . . .
09H00 . . . .
10H00 . . . .
11H00 . . . .
12H00 . . . .
13H00 . . . .
14H00 . . . .
15H00 . . . .
16H00 . . . .
17H00 . . . .
18H00 . . . .
19H00 . . . .
20H00 . . . .
21H00 . . . .
22H00 . . . .
23H00 . . . .

TOP PRIORITIES

. . . .
. . . .
. . . .
. . . .
. . . .

TO DO LIST

. . . .
. . . .
. . . .
. . . .
. . . .
. . . .

NOTES

. . . .
. . . .
. . . .
. . . .
. . . .
. . . .
. . . .

MY DAILY PLANNER

DATE : . . . .

Mo Tu We Th Fr Sa Su
☐ ☐ ☐ ☐ ☐ ☐ ☐

SCHEDULE

06H00 . . . .
07H00 . . . .
08H00 . . . .
09H00 . . . .
10H00 . . . .
11H00 . . . .
12H00 . . . .
13H00 . . . .
14H00 . . . .
15H00 . . . .
16H00 . . . .
17H00 . . . .
18H00 . . . .
19H00 . . . .
20H00 . . . .
21H00 . . . .
22H00 . . . .
23H00 . . . .

TOP PRIORITIES

. . . .
. . . .
. . . .
. . . .
. . . .

TO DO LIST

. . . .
. . . .
. . . .
. . . .
. . . .

NOTES

. . . .
. . . .
. . . .
. . . .

MY DAILY PLANNER

DATE : . . . .

Mo	Tu	We	Th	Fr	Sa	Su
☐	☐	☐	☐	☐	☐	☐

SCHEDULE

06H00 . . . .

07H00 . . . .

08H00 . . . .

09H00 . . . .

10H00 . . . .

11H00 . . . .

12H00 . . . .

13H00 . . . .

14H00 . . . .

15H00 . . . .

16H00 . . . .

17H00 . . . .

18H00 . . . .

19H00 . . . .

20H00 . . . .

21H00 . . . .

22H00 . . . .

23H00 . . . .

TOP PRIORITIES

. . . .

. . . .

. . . .

. . . .

. . . .

TO DO LIST

. . . .

. . . .

. . . .

. . . .

. . . .

NOTES

. . . .

. . . .

. . . .

. . . .

. . . .

. . . .

. . . .

MY DAILY PLANNER

DATE : . . . .

Mo	Tu	We	Th	Fr	Sa	Su
☐	☐	☐	☐	☐	☐	☐

———— SCHEDULE ————

06H00 ·

07H00 ·

08H00 ·

09H00 ·

10H00 ·

11H00 ·

12H00 ·

13H00 ·

14H00 ·

15H00 ·

16H00 ·

17H00 ·

18H00 ·

19H00 ·

20H00 ·

21H00 ·

22H00 ·

23H00 ·

———— TOP PRIORITIES ————

· ·

· ·

· ·

· ·

· ·

———— TO DO LIST ————

· ·

· ·

· ·

· ·

· ·

———— NOTES ————

· ·

· ·

· ·

· ·

· ·

· ·

MY DAILY PLANNER

DATE : . . . .

Mo	Tu	We	Th	Fr	Sa	Su
☐	☐	☐	☐	☐	☐	☐

SCHEDULE

06H00 . . . .
07H00 . . . .
08H00 . . . .
09H00 . . . .
10H00 . . . .
11H00 . . . .
12H00 . . . .
13H00 . . . .
14H00 . . . .
15H00 . . . .
16H00 . . . .
17H00 . . . .
18H00 . . . .
19H00 . . . .
20H00 . . . .
21H00 . . . .
22H00 . . . .
23H00 . . . .

TOP PRIORITIES

TO DO LIST

NOTES

MY DAILY PLANNER

DATE : . . . .

Mo	Tu	We	Th	Fr	Sa	Su
☐	☐	☐	☐	☐	☐	☐

———— SCHEDULE ————

06H00 . . . .
07H00 . . . .
08H00 . . . .
09H00 . . . .
10H00 . . . .
11H00 . . . .
12H00 . . . .
13H00 . . . .
14H00 . . . .
15H00 . . . .
16H00 . . . .
17H00 . . . .
18H00 . . . .
19H00 . . . .
20H00 . . . .
21H00 . . . .
22H00 . . . .
23H00 . . . .

———— TOP PRIORITIES ————

. . . .
. . . .
. . . .
. . . .
. . . .

———— TO DO LIST ————

. . . .
. . . .
. . . .
. . . .

———— NOTES ————

. . . .
. . . .
. . . .
. . . .
. . . .
. . . .
. . . .
. . . .

MY DAILY PLANNER

DATE : . . . .

Mo	Tu	We	Th	Fr	Sa	Su
☐	☐	☐	☐	☐	☐	☐

SCHEDULE

06H00 . . . .
07H00 . . . .
08H00 . . . .
09H00 . . . .
10H00 . . . .
11H00 . . . .
12H00 . . . .
13H00 . . . .
14H00 . . . .
15H00 . . . .
16H00 . . . .
17H00 . . . .
18H00 . . . .
19H00 . . . .
20H00 . . . .
21H00 . . . .
22H00 . . . .
23H00 . . . .

TOP PRIORITIES

. . . .
. . . .
. . . .
. . . .
. . . .

TO DO LIST

. . . .
. . . .
. . . .
. . . .
. . . .

NOTES

. . . .
. . . .
. . . .
. . . .
. . . .
. . . .
. . . .

MY DAILY PLANNER

DATE : . . . .

Mo Tu We Th Fr Sa Su
☐ ☐ ☐ ☐ ☐ ☐ ☐

SCHEDULE

06H00 . . . .
07H00 . . . .
08H00 . . . .
09H00 . . . .
10H00 . . . .
11H00 . . . .
12H00 . . . .
13H00 . . . .
14H00 . . . .
15H00 . . . .
16H00 . . . .
17H00 . . . .
18H00 . . . .
19H00 . . . .
20H00 . . . .
21H00 . . . .
22H00 . . . .
23H00 . . . .

TOP PRIORITIES

TO DO LIST

NOTES

MY DAILY PLANNER

DATE : . . . .

Mo	Tu	We	Th	Fr	Sa	Su
☐	☐	☐	☐	☐	☐	☐

SCHEDULE

06H00 . . . .
07H00 . . . .
08H00 . . . .
09H00 . . . .
10H00 . . . .
11H00 . . . .
12H00 . . . .
13H00 . . . .
14H00 . . . .
15H00 . . . .
16H00 . . . .
17H00 . . . .
18H00 . . . .
19H00 . . . .
20H00 . . . .
21H00 . . . .
22H00 . . . .
23H00 . . . .

TOP PRIORITIES

TO DO LIST

NOTES

MY DAILY PLANNER

DATE : ·

Mo	Tu	We	Th	Fr	Sa	Su
☐	☐	☐	☐	☐	☐	☐

SCHEDULE

06H00 ·
07H00 ·
08H00 ·
09H00 ·
10H00 ·
11H00 ·
12H00 ·
13H00 ·
14H00 ·
15H00 ·
16H00 ·
17H00 ·
18H00 ·
19H00 ·
20H00 ·
21H00 ·
22H00 ·
23H00 ·

TOP PRIORITIES

TO DO LIST

NOTES

MY DAILY PLANNER

DATE : . . . .

Mo Tu We Th Fr Sa Su
☐   ☐   ☐   ☐   ☐   ☐   ☐

—— SCHEDULE ——

06H00 . . . .

07H00 . . . .

08H00 . . . .

09H00 . . . .

10H00 . . . .

11H00 . . . .

12H00 . . . .

13H00 . . . .

14H00 . . . .

15H00 . . . .

16H00 . . . .

17H00 . . . .

18H00 . . . .

19H00 . . . .

20H00 . . . .

21H00 . . . .

22H00 . . . .

23H00 . . . .

—— TOP PRIORITIES ——

—— TO DO LIST ——

—— NOTES ——

MY DAILY PLANNER

DATE : . . . .

Mo Tu We Th Fr Sa Su
☐ ☐ ☐ ☐ ☐ ☐ ☐

—————— SCHEDULE ——————

06H00 . . . .
07H00 . . . .
08H00 . . . .
09H00 . . . .
10H00 . . . .
11H00 . . . .
12H00 . . . .
13H00 . . . .
14H00 . . . .
15H00 . . . .
16H00 . . . .
17H00 . . . .
18H00 . . . .
19H00 . . . .
20H00 . . . .
21H00 . . . .
22H00 . . . .
23H00 . . . .

—————— TOP PRIORITIES ——————

. . . .
. . . .
. . . .
. . . .
. . . .

—————— TO DO LIST ——————

. . . .
. . . .
. . . .
. . . .
. . . .

—————— NOTES ——————

. . . .
. . . .
. . . .
. . . .

MY DAILY PLANNER

DATE : . . . .

Mo	Tu	We	Th	Fr	Sa	Su
☐	☐	☐	☐	☐	☐	☐

SCHEDULE

06H00 . . . .

07H00 . . . .

08H00 . . . .

09H00 . . . .

10H00 . . . .

11H00 . . . .

12H00 . . . .

13H00 . . . .

14H00 . . . .

15H00 . . . .

16H00 . . . .

17H00 . . . .

18H00 . . . .

19H00 . . . .

20H00 . . . .

21H00 . . . .

22H00 . . . .

23H00 . . . .

TOP PRIORITIES

. . . .

. . . .

. . . .

. . . .

. . . .

TO DO LIST

. . . .

. . . .

. . . .

. . . .

NOTES

. . . .

. . . .

. . . .

. . . .

. . . .

. . . .

. . . .

MY DAILY PLANNER

DATE : . . . .

Mo	Tu	We	Th	Fr	Sa	Su
☐	☐	☐	☐	☐	☐	☐

SCHEDULE

06H00 . . . .

07H00 . . . .

08H00 . . . .

09H00 . . . .

10H00 . . . .

11H00 . . . .

12H00 . . . .

13H00 . . . .

14H00 . . . .

15H00 . . . .

16H00 . . . .

17H00 . . . .

18H00 . . . .

19H00 . . . .

20H00 . . . .

21H00 . . . .

22H00 . . . .

23H00 . . . .

TOP PRIORITIES

. . . .

. . . .

. . . .

. . . .

. . . .

TO DO LIST

. . . .

. . . .

. . . .

. . . .

. . . .

NOTES

. . . .

. . . .

. . . .

. . . .

. . . .

. . . .

. . . .

MY DAILY PLANNER

DATE : ·

Mo	Tu	We	Th	Fr	Sa	Su
☐	☐	☐	☐	☐	☐	☐

——— SCHEDULE ———

06H00 ·
07H00 ·
08H00 ·
09H00 ·
10H00 ·
11H00 ·
12H00 ·
13H00 ·
14H00 ·
15H00 ·
16H00 ·
17H00 ·
18H00 ·
19H00 ·
20H00 ·
21H00 ·
22H00 ·
23H00 ·

——— TOP PRIORITIES ———

——— TO DO LIST ———

——— NOTES ———

MY DAILY PLANNER

DATE : . . . .

SCHEDULE

06H00 . . . .
07H00 . . . .
08H00 . . . .
09H00 . . . .
10H00 . . . .
11H00 . . . .
12H00 . . . .
13H00 . . . .
14H00 . . . .
15H00 . . . .
16H00 . . . .
17H00 . . . .
18H00 . . . .
19H00 . . . .
20H00 . . . .
21H00 . . . .
22H00 . . . .
23H00 . . . .

TOP PRIORITIES

. . . .
. . . .
. . . .
. . . .
. . . .
. . . .

TO DO LIST

. . . .
. . . .
. . . .
. . . .
. . . .
. . . .
. . . .

NOTES

. . . .
. . . .
. . . .
. . . .
. . . .
. . . .
. . . .
. . . .

MY DAILY PLANNER

DATE: . . . .

Mo	Tu	We	Th	Fr	Sa	Su
☐	☐	☐	☐	☐	☐	☐

—— SCHEDULE ——

6H00 . . . .

7H00 . . . .

8H00 . . . .

9H00 . . . .

10H00 . . . .

11H00 . . . .

12H00 . . . .

13H00 . . . .

14H00 . . . .

15H00 . . . .

16H00 . . . .

17H00 . . . .

18H00 . . . .

19H00 . . . .

20H00 . . . .

21H00 . . . .

22H00 . . . .

23H00 . . . .

—— TOP PRIORITIES ——

. . . .

. . . .

. . . .

. . . .

. . . .

—— TO DO LIST ——

. . . .

. . . .

. . . .

. . . .

—— NOTES ——

. . . .

. . . .

. . . .

. . . .

. . . .

. . . .

. . . .

MY DAILY PLANNER

DATE : . . . .

Mo	Tu	We	Th	Fr	Sa	Su
☐	☐	☐	☐	☐	☐	☐

SCHEDULE

06H00 . . . .
07H00 . . . .
08H00 . . . .
09H00 . . . .
10H00 . . . .
11H00 . . . .
12H00 . . . .
13H00 . . . .
14H00 . . . .
15H00 . . . .
16H00 . . . .
17H00 . . . .
18H00 . . . .
19H00 . . . .
20H00 . . . .
21H00 . . . .
22H00 . . . .
23H00 . . . .

TOP PRIORITIES

TO DO LIST

NOTES

MY DAILY PLANNER

DATE : . . . .

Mo Tu We Th Fr Sa Su
☐   ☐   ☐   ☐   ☐   ☐   ☐

SCHEDULE

06H00 . . . .
07H00 . . . .
08H00 . . . .
09H00 . . . .
10H00 . . . .
11H00 . . . .
12H00 . . . .
13H00 . . . .
14H00 . . . .
15H00 . . . .
16H00 . . . .
17H00 . . . .
18H00 . . . .
19H00 . . . .
20H00 . . . .
21H00 . . . .
22H00 . . . .
23H00 . . . .

TOP PRIORITIES

. . . .
. . . .
. . . .
. . . .
. . . .

TO DO LIST

. . . .
. . . .
. . . .
. . . .
. . . .

NOTES

. . . .
. . . .
. . . .
. . . .
. . . .
. . . .
. . . .

MY DAILY PLANNER

DATE : . . . .

Mo	Tu	We	Th	Fr	Sa	Su
☐	☐	☐	☐	☐	☐	☐

SCHEDULE

06H00 . . . .
07H00 . . . .
08H00 . . . .
09H00 . . . .
10H00 . . . .
11H00 . . . .
12H00 . . . .
13H00 . . . .
14H00 . . . .
15H00 . . . .
16H00 . . . .
17H00 . . . .
18H00 . . . .
19H00 . . . .
20H00 . . . .
21H00 . . . .
22H00 . . . .
23H00 . . . .

TOP PRIORITIES

. . . .
. . . .
. . . .
. . . .
. . . .

TO DO LIST

. . . .
. . . .
. . . .
. . . .
. . . .
. . . .

NOTES

. . . .
. . . .
. . . .
. . . .
. . . .
. . . .
. . . .

MY DAILY PLANNER

DATE : . . . .

	Mo	Tu	We	Th	Fr	Sa	Su
	☐	☐	☐	☐	☐	☐	☐

──── SCHEDULE ────

──── TOP PRIORITIES ────

06H00 . . . .

07H00 . . . .

08H00 . . . .

09H00 . . . .

10H00 . . . .

──── TO DO LIST ────

11H00 . . . .

12H00 . . . .

13H00 . . . .

14H00 . . . .

15H00 . . . .

16H00 . . . .

──── NOTES ────

17H00 . . . .

18H00 . . . .

19H00 . . . .

20H00 . . . .

21H00 . . . .

22H00 . . . .

23H00 . . . .

MY DAILY PLANNER

DATE: . . . .

Mo	Tu	We	Th	Fr	Sa	Su
☐	☐	☐	☐	☐	☐	☐

SCHEDULE

06H00 . . . .
07H00 . . . .
08H00 . . . .
09H00 . . . .
10H00 . . . .
11H00 . . . .
12H00 . . . .
13H00 . . . .
14H00 . . . .
15H00 . . . .
16H00 . . . .
17H00 . . . .
18H00 . . . .
19H00 . . . .
20H00 . . . .
21H00 . . . .
22H00 . . . .
23H00 . . . .

TOP PRIORITIES

TO DO LIST

NOTES

MY DAILY PLANNER

DATE : . . . .

Mo	Tu	We	Th	Fr	Sa	Su
☐	☐	☐	☐	☐	☐	☐

SCHEDULE

06H00 . . . .
07H00 . . . .
08H00 . . . .
09H00 . . . .
10H00 . . . .
11H00 . . . .
12H00 . . . .
13H00 . . . .
14H00 . . . .
15H00 . . . .
16H00 . . . .
17H00 . . . .
18H00 . . . .
19H00 . . . .
20H00 . . . .
21H00 . . . .
22H00 . . . .
23H00 . . . .

TOP PRIORITIES

. . . .
. . . .
. . . .
. . . .
. . . .

TO DO LIST

. . . .
. . . .
. . . .
. . . .
. . . .

NOTES

. . . .
. . . .
. . . .
. . . .
. . . .
. . . .

MY DAILY PLANNER

DATE : . . . .

Mo	Tu	We	Th	Fr	Sa	Su
☐	☐	☐	☐	☐	☐	☐

SCHEDULE

06H00 . . . .
07H00 . . . .
08H00 . . . .
09H00 . . . .
10H00 . . . .
11H00 . . . .
12H00 . . . .
13H00 . . . .
14H00 . . . .
15H00 . . . .
16H00 . . . .
17H00 . . . .
18H00 . . . .
19H00 . . . .
20H00 . . . .
21H00 . . . .
22H00 . . . .
23H00 . . . .

TOP PRIORITIES

. . . .
. . . .
. . . .
. . . .
. . . .

TO DO LIST

. . . .
. . . .
. . . .
. . . .
. . . .

NOTES

. . . .
. . . .
. . . .
. . . .
. . . .

MY DAILY PLANNER

DATE : . . . .

Mo	Tu	We	Th	Fr	Sa	Su
☐	☐	☐	☐	☐	☐	☐

———— SCHEDULE ————

06H00 . . . .

07H00 . . . .

08H00 . . . .

09H00 . . . .

10H00 . . . .

11H00 . . . .

12H00 . . . .

13H00 . . . .

14H00 . . . .

15H00 . . . .

16H00 . . . .

17H00 . . . .

18H00 . . . .

19H00 . . . .

20H00 . . . .

21H00 . . . .

22H00 . . . .

23H00 . . . .

———— TOP PRIORITIES ————

. . . .

. . . .

. . . .

. . . .

. . . .

———— TO DO LIST ————

. . . .

. . . .

. . . .

. . . .

. . . .

———— NOTES ————

. . . .

. . . .

. . . .

. . . .

. . . .

MY DAILY PLANNER

DATE : . . . .

Mo	Tu	We	Th	Fr	Sa	Su
☐	☐	☐	☐	☐	☐	☐

SCHEDULE

06H00 . . . .
07H00 . . . .
08H00 . . . .
09H00 . . . .
10H00 . . . .
11H00 . . . .
12H00 . . . .
13H00 . . . .
14H00 . . . .
15H00 . . . .
16H00 . . . .
17H00 . . . .
18H00 . . . .
19H00 . . . .
20H00 . . . .
21H00 . . . .
22H00 . . . .
23H00 . . . .

TOP PRIORITIES

TO DO LIST

NOTES

MY DAILY PLANNER

DATE : . . . .

Mo	Tu	We	Th	Fr	Sa	Su
☐	☐	☐	☐	☐	☐	☐

SCHEDULE

06H00 . . . .

07H00 . . . .

08H00 . . . .

09H00 . . . .

10H00 . . . .

11H00 . . . .

12H00 . . . .

13H00 . . . .

14H00 . . . .

15H00 . . . .

16H00 . . . .

17H00 . . . .

18H00 . . . .

19H00 . . . .

20H00 . . . .

21H00 . . . .

22H00 . . . .

23H00 . . . .

TOP PRIORITIES

TO DO LIST

NOTES

MY DAILY PLANNER

DATE : . . . .

Mo	Tu	We	Th	Fr	Sa	Su
☐	☐	☐	☐	☐	☐	☐

———— SCHEDULE ————

06H00 . . . .

07H00 . . . .

08H00 . . . .

09H00 . . . .

10H00 . . . .

11H00 . . . .

12H00 . . . .

13H00 . . . .

14H00 . . . .

15H00 . . . .

16H00 . . . .

17H00 . . . .

18H00 . . . .

19H00 . . . .

20H00 . . . .

21H00 . . . .

22H00 . . . .

23H00 . . . .

———— TOP PRIORITIES ————

———— TO DO LIST ————

———— NOTES ————

MY DAILY PLANNER

DATE : . . . .

Mo	Tu	We	Th	Fr	Sa	Su
☐	☐	☐	☐	☐	☐	☐

SCHEDULE

06H00 . . . .

07H00 . . . .

08H00 . . . .

09H00 . . . .

10H00 . . . .

11H00 . . . .

12H00 . . . .

13H00 . . . .

14H00 . . . .

15H00 . . . .

16H00 . . . .

17H00 . . . .

18H00 . . . .

19H00 . . . .

20H00 . . . .

21H00 . . . .

22H00 . . . .

23H00 . . . .

TOP PRIORITIES

. . . .

. . . .

. . . .

. . . .

. . . .

TO DO LIST

. . . .

. . . .

. . . .

. . . .

. . . .

NOTES

. . . .

. . . .

. . . .

. . . .

. . . .

. . . .

. . . .

MY DAILY PLANNER

DATE : . . . .

Mo	Tu	We	Th	Fr	Sa	Su
☐	☐	☐	☐	☐	☐	☐

SCHEDULE

06H00 . . . .
07H00 . . . .
08H00 . . . .
09H00 . . . .
10H00 . . . .
11H00 . . . .
12H00 . . . .
13H00 . . . .
14H00 . . . .
15H00 . . . .
16H00 . . . .
17H00 . . . .
18H00 . . . .
19H00 . . . .
20H00 . . . .
21H00 . . . .
22H00 . . . .
23H00 . . . .

TOP PRIORITIES

. . . .
. . . .
. . . .
. . . .
. . . .

TO DO LIST

. . . .
. . . .
. . . .
. . . .
. . . .
. . . .

NOTES

. . . .
. . . .
. . . .
. . . .
. . . .
. . . .

MY DAILY PLANNER

DATE : . . . .

Mo	Tu	We	Th	Fr	Sa	Su
☐	☐	☐	☐	☐	☐	☐

SCHEDULE

06H00 ·
07H00 ·
08H00 ·
09H00 ·
10H00 ·
11H00 ·
12H00 ·
13H00 ·
14H00 ·
15H00 ·
16H00 ·
17H00 ·
18H00 ·
19H00 ·
20H00 ·
21H00 ·
22H00 ·
23H00 ·

TOP PRIORITIES

TO DO LIST

NOTES

MY DAILY PLANNER

DATE : . . . .

Mo ☐ Tu ☐ We ☐ Th ☐ Fr ☐ Sa ☐ Su ☐

─── SCHEDULE ───

06H00 . . . .
07H00 . . . .
08H00 . . . .
09H00 . . . .
10H00 . . . .
11H00 . . . .
12H00 . . . .
13H00 . . . .
14H00 . . . .
15H00 . . . .
16H00 . . . .
17H00 . . . .
18H00 . . . .
19H00 . . . .
20H00 . . . .
21H00 . . . .
22H00 . . . .
23H00 . . . .

─── TOP PRIORITIES ───

. . . .
. . . .
. . . .
. . . .
. . . .

─── TO DO LIST ───

. . . .
. . . .
. . . .
. . . .
. . . .

─── NOTES ───

. . . .
. . . .
. . . .
. . . .
. . . .
. . . .

MY DAILY PLANNER

DATE : . . . .

Mo	Tu	We	Th	Fr	Sa	Su
☐	☐	☐	☐	☐	☐	☐

─────── SCHEDULE ───────

06H00 . . . .

07H00 . . . .

08H00 . . . .

09H00 . . . .

10H00 . . . .

11H00 . . . .

12H00 . . . .

13H00 . . . .

14H00 . . . .

15H00 . . . .

16H00 . . . .

17H00 . . . .

18H00 . . . .

19H00 . . . .

20H00 . . . .

21H00 . . . .

22H00 . . . .

23H00 . . . .

─────── TOP PRIORITIES ───────

. . . .

. . . .

. . . .

. . . .

. . . .

─────── TO DO LIST ───────

. . . .

. . . .

. . . .

. . . .

─────── NOTES ───────

. . . .

. . . .

. . . .

. . . .

. . . .

. . . .

MY DAILY PLANNER

DATE : . . . .

Mo	Tu	We	Th	Fr	Sa	Su
☐	☐	☐	☐	☐	☐	☐

SCHEDULE

06H00 . . . .
07H00 . . . .
08H00 . . . .
09H00 . . . .
10H00 . . . .
11H00 . . . .
12H00 . . . .
13H00 . . . .
14H00 . . . .
15H00 . . . .
16H00 . . . .
17H00 . . . .
18H00 . . . .
19H00 . . . .
20H00 . . . .
21H00 . . . .
22H00 . . . .
23H00 . . . .

TOP PRIORITIES

TO DO LIST

NOTES

MY DAILY PLANNER

DATE : . . . .

Mo	Tu	We	Th	Fr	Sa	Su
☐	☐	☐	☐	☐	☐	☐

SCHEDULE

6H00 . . . .

7H00 . . . .

8H00 . . . .

9H00 . . . .

0H00 . . . .

11H00 . . . .

12H00 . . . .

13H00 . . . .

14H00 . . . .

15H00 . . . .

16H00 . . . .

17H00 . . . .

18H00 . . . .

19H00 . . . .

20H00 . . . .

21H00 . . . .

22H00 . . . .

23H00 . . . .

TOP PRIORITIES

. . . .

. . . .

. . . .

. . . .

. . . .

TO DO LIST

. . . .

. . . .

. . . .

. . . .

. . . .

NOTES

. . . .

. . . .

. . . .

. . . .

. . . .

. . . .

MY DAILY PLANNER

DATE : . . . .

	Mo	Tu	We	Th	Fr	Sa	Su
	☐	☐	☐	☐	☐	☐	☐

SCHEDULE

06H00 . . . .
07H00 . . . .
08H00 . . . .
09H00 . . . .
10H00 . . . .
11H00 . . . .
12H00 . . . .
13H00 . . . .
14H00 . . . .
15H00 . . . .
16H00 . . . .
17H00 . . . .
18H00 . . . .
19H00 . . . .
20H00 . . . .
21H00 . . . .
22H00 . . . .
23H00 . . . .

TOP PRIORITIES

. . . .
. . . .
. . . .
. . . .
. . . .

TO DO LIST

. . . .
. . . .
. . . .
. . . .
. . . .
. . . .

NOTES

. . . .
. . . .
. . . .
. . . .
. . . .
. . . .
. . . .

MY DAILY PLANNER

DATE : . . . .

Mo ☐ Tu ☐ We ☐ Th ☐ Fr ☐ Sa ☐ Su ☐

─── SCHEDULE ───

06H00 . . . .

07H00 . . . .

08H00 . . . .

09H00 . . . .

10H00 . . . .

11H00 . . . .

12H00 . . . .

13H00 . . . .

14H00 . . . .

15H00 . . . .

16H00 . . . .

17H00 . . . .

18H00 . . . .

19H00 . . . .

20H00 . . . .

21H00 . . . .

22H00 . . . .

23H00 . . . .

─── TOP PRIORITIES ───

. . . .

. . . .

. . . .

. . . .

. . . .

─── TO DO LIST ───

. . . .

. . . .

. . . .

. . . .

. . . .

─── NOTES ───

. . . .

. . . .

. . . .

. . . .

. . . .

MY DAILY PLANNER

DATE : . . . .

Mo	Tu	We	Th	Fr	Sa	Su
☐	☐	☐	☐	☐	☐	☐

SCHEDULE

06H00 . . . .
07H00 . . . .
08H00 . . . .
09H00 . . . .
10H00 . . . .
11H00 . . . .
12H00 . . . .
13H00 . . . .
14H00 . . . .
15H00 . . . .
16H00 . . . .
17H00 . . . .
18H00 . . . .
19H00 . . . .
20H00 . . . .
21H00 . . . .
22H00 . . . .
23H00 . . . .

TOP PRIORITIES

TO DO LIST

NOTES

MY DAILY PLANNER

DATE : . . . .

Mo	Tu	We	Th	Fr	Sa	Su
☐	☐	☐	☐	☐	☐	☐

SCHEDULE

06H00 . . . .
07H00 . . . .
08H00 . . . .
09H00 . . . .
10H00 . . . .
11H00 . . . .
12H00 . . . .
13H00 . . . .
14H00 . . . .
15H00 . . . .
16H00 . . . .
17H00 . . . .
18H00 . . . .
19H00 . . . .
20H00 . . . .
21H00 . . . .
22H00 . . . .
23H00 . . . .

TOP PRIORITIES

TO DO LIST

NOTES

MY DAILY PLANNER

DATE : . . . .

Mo	Tu	We	Th	Fr	Sa	Su
☐	☐	☐	☐	☐	☐	☐

SCHEDULE

06H00 . . . .
07H00 . . . .
08H00 . . . .
09H00 . . . .
10H00 . . . .
11H00 . . . .
12H00 . . . .
13H00 . . . .
14H00 . . . .
15H00 . . . .
16H00 . . . .
17H00 . . . .
18H00 . . . .
19H00 . . . .
20H00 . . . .
21H00 . . . .
22H00 . . . .
23H00 . . . .

TOP PRIORITIES

. . . .
. . . .
. . . .
. . . .
. . . .

TO DO LIST

. . . .
. . . .
. . . .
. . . .
. . . .
. . . .

NOTES

. . . .
. . . .
. . . .
. . . .
. . . .
. . . .
. . . .

MY DAILY PLANNER

DATE : . . . .

Mo	Tu	We	Th	Fr	Sa	Su
☐	☐	☐	☐	☐	☐	☐

SCHEDULE

6H00 . . . .
07H00 . . . .
08H00 . . . .
09H00 . . . .
10H00 . . . .
11H00 . . . .
12H00 . . . .
13H00 . . . .
14H00 . . . .
15H00 . . . .
16H00 . . . .
17H00 . . . .
18H00 . . . .
19H00 . . . .
20H00 . . . .
21H00 . . . .
22H00 . . . .
23H00 . . . .

TOP PRIORITIES

. . . .
. . . .
. . . .
. . . .
. . . .

TO DO LIST

. . . .
. . . .
. . . .
. . . .
. . . .

NOTES

. . . .
. . . .
. . . .
. . . .
. . . .
. . . .

MY DAILY PLANNER

DATE : . . . .

Mo Tu We Th Fr Sa Su
☐   ☐   ☐   ☐   ☐   ☐   ☐

SCHEDULE

06H00 . . . .
07H00 . . . .
08H00 . . . .
09H00 . . . .
10H00 . . . .
11H00 . . . .
12H00 . . . .
13H00 . . . .
14H00 . . . .
15H00 . . . .
16H00 . . . .
17H00 . . . .
18H00 . . . .
19H00 . . . .
20H00 . . . .
21H00 . . . .
22H00 . . . .
23H00 . . . .

TOP PRIORITIES

TO DO LIST

NOTES

MY DAILY PLANNER

DATE : . . . .

Mo	Tu	We	Th	Fr	Sa	Su
☐	☐	☐	☐	☐	☐	☐

SCHEDULE

6H00 . . . .
7H00 . . . .
8H00 . . . .
9H00 . . . .
0H00 . . . .
1H00 . . . .
2H00 . . . .
3H00 . . . .
4H00 . . . .
5H00 . . . .
6H00 . . . .
7H00 . . . .
8H00 . . . .
9H00 . . . .
20H00 . . . .
21H00 . . . .
22H00 . . . .
23H00 . . . .

TOP PRIORITIES

. . . .
. . . .
. . . .
. . . .
. . . .

TO DO LIST

. . . .
. . . .
. . . .
. . . .
. . . .

NOTES

. . . .
. . . .
. . . .
. . . .
. . . .

MY DAILY PLANNER

DATE : . . . .

Mo	Tu	We	Th	Fr	Sa	Su
☐	☐	☐	☐	☐	☐	☐

——— SCHEDULE ———

06H00 ·
07H00 ·
08H00 ·
09H00 ·
10H00 ·
11H00 ·
12H00 ·
13H00 ·
14H00 ·
15H00 ·
16H00 ·
17H00 ·
18H00 ·
19H00 ·
20H00 ·
21H00 ·
22H00 ·
23H00 ·

——— TOP PRIORITIES ———

——— TO DO LIST ———

——— NOTES ———

MY DAILY PLANNER

DATE : . . . .

Mo Tu We Th Fr Sa Su
☐ ☐ ☐ ☐ ☐ ☐ ☐

SCHEDULE

06H00 . . . .
07H00 . . . .
08H00 . . . .
09H00 . . . .
10H00 . . . .
11H00 . . . .
12H00 . . . .
13H00 . . . .
14H00 . . . .
15H00 . . . .
16H00 . . . .
17H00 . . . .
18H00 . . . .
19H00 . . . .
20H00 . . . .
21H00 . . . .
22H00 . . . .
23H00 . . . .

TOP PRIORITIES

. . . .
. . . .
. . . .
. . . .
. . . .

TO DO LIST

. . . .
. . . .
. . . .
. . . .
. . . .

NOTES

. . . .
. . . .
. . . .
. . . .
. . . .
. . . .

MY DAILY PLANNER

DATE : . . . .

Mo	Tu	We	Th	Fr	Sa	Su
☐	☐	☐	☐	☐	☐	☐

SCHEDULE

06H00 . . . .
07H00 . . . .
08H00 . . . .
09H00 . . . .
10H00 . . . .
11H00 . . . .
12H00 . . . .
13H00 . . . .
14H00 . . . .
15H00 . . . .
16H00 . . . .
17H00 . . . .
18H00 . . . .
19H00 . . . .
20H00 . . . .
21H00 . . . .
22H00 . . . .
23H00 . . . .

TOP PRIORITIES

. . . .
. . . .
. . . .
. . . .
. . . .

TO DO LIST

. . . .
. . . .
. . . .
. . . .
. . . .

NOTES

. . . .
. . . .
. . . .
. . . .
. . . .

MY DAILY PLANNER

DATE : . . . .

Mo	Tu	We	Th	Fr	Sa	Su
☐	☐	☐	☐	☐	☐	☐

SCHEDULE

06H00 . . . .

07H00 . . . .

08H00 . . . .

09H00 . . . .

10H00 . . . .

11H00 . . . .

12H00 . . . .

13H00 . . . .

14H00 . . . .

15H00 . . . .

16H00 . . . .

17H00 . . . .

18H00 . . . .

19H00 . . . .

20H00 . . . .

21H00 . . . .

22H00 . . . .

23H00 . . . .

TOP PRIORITIES

. . . .

. . . .

. . . .

. . . .

. . . .

. . . .

TO DO LIST

. . . .

. . . .

. . . .

. . . .

. . . .

. . . .

NOTES

. . . .

. . . .

. . . .

. . . .

. . . .

. . . .

. . . .

MY DAILY PLANNER

DATE : . . . .

Mo	Tu	We	Th	Fr	Sa	Su
☐	☐	☐	☐	☐	☐	☐

───── SCHEDULE ─────

06H00 ·

07H00 ·

08H00 ·

09H00 ·

10H00 ·

11H00 ·

12H00 ·

13H00 ·

14H00 ·

15H00 ·

16H00 ·

17H00 ·

18H00 ·

19H00 ·

20H00 ·

21H00 ·

22H00 ·

23H00 ·

───── TOP PRIORITIES ─────

───── TO DO LIST ─────

───── NOTES ─────

MY DAILY PLANNER

DATE : . . . .

Mo	Tu	We	Th	Fr	Sa	Su
☐	☐	☐	☐	☐	☐	☐

SCHEDULE

06H00 . . . .
07H00 . . . .
08H00 . . . .
09H00 . . . .
10H00 . . . .
11H00 . . . .
12H00 . . . .
13H00 . . . .
14H00 . . . .
15H00 . . . .
16H00 . . . .
17H00 . . . .
18H00 . . . .
19H00 . . . .
20H00 . . . .
21H00 . . . .
22H00 . . . .
23H00 . . . .

TOP PRIORITIES

. . . .
. . . .
. . . .
. . . .
. . . .

TO DO LIST

. . . .
. . . .
. . . .
. . . .
. . . .

NOTES

. . . .
. . . .
. . . .
. . . .
. . . .
. . . .
. . . .

MY DAILY PLANNER

DATE : . . . .

Mo	Tu	We	Th	Fr	Sa	Su
☐	☐	☐	☐	☐	☐	☐

SCHEDULE

06H00 . . . .
07H00 . . . .
08H00 . . . .
09H00 . . . .
10H00 . . . .
11H00 . . . .
12H00 . . . .
13H00 . . . .
14H00 . . . .
15H00 . . . .
16H00 . . . .
17H00 . . . .
18H00 . . . .
19H00 . . . .
20H00 . . . .
21H00 . . . .
22H00 . . . .
23H00 . . . .

TOP PRIORITIES

TO DO LIST

NOTES

MY DAILY PLANNER

DATE : . . . .

Mo	Tu	We	Th	Fr	Sa	Su
☐	☐	☐	☐	☐	☐	☐

SCHEDULE

06H00 . . . .

07H00 . . . .

08H00 . . . .

09H00 . . . .

10H00 . . . .

11H00 . . . .

12H00 . . . .

13H00 . . . .

14H00 . . . .

15H00 . . . .

16H00 . . . .

17H00 . . . .

18H00 . . . .

19H00 . . . .

20H00 . . . .

21H00 . . . .

22H00 . . . .

23H00 . . . .

TOP PRIORITIES

. . . .

. . . .

. . . .

. . . .

. . . .

TO DO LIST

. . . .

. . . .

. . . .

. . . .

. . . .

NOTES

. . . .

. . . .

. . . .

. . . .

. . . .

MY DAILY PLANNER

DATE : ·

Mo	Tu	We	Th	Fr	Sa	Su
☐	☐	☐	☐	☐	☐	☐

———— SCHEDULE ————

06H00 ·

07H00 ·

08H00 ·

09H00 ·

10H00 ·

11H00 ·

12H00 ·

13H00 ·

14H00 ·

15H00 ·

16H00 ·

17H00 ·

18H00 ·

19H00 ·

20H00 ·

21H00 ·

22H00 ·

23H00 ·

———— TOP PRIORITIES ————

———— TO DO LIST ————

———— NOTES ————

MY DAILY PLANNER

DATE : ·

Mo Tu We Th Fr Sa Su
☐ ☐ ☐ ☐ ☐ ☐ ☐

SCHEDULE

06H00 ·
07H00 ·
08H00 ·
09H00 ·
10H00 ·
11H00 ·
12H00 ·
13H00 ·
14H00 ·
15H00 ·
16H00 ·
17H00 ·
18H00 ·
19H00 ·
20H00 ·
21H00 ·
22H00 ·
23H00 ·

TOP PRIORITIES

· ·
· ·
· ·
· ·
· ·

TO DO LIST

· ·
· ·
· ·
· ·
· ·

NOTES

· ·
· ·
· ·
· ·
· ·
· ·

MY DAILY PLANNER

DATE : . . . .

Mo Tu We Th Fr Sa Su
☐ ☐ ☐ ☐ ☐ ☐ ☐

SCHEDULE

06H00 . . . .
07H00 . . . .
08H00 . . . .
09H00 . . . .
10H00 . . . .
11H00 . . . .
12H00 . . . .
13H00 . . . .
14H00 . . . .
15H00 . . . .
16H00 . . . .
17H00 . . . .
18H00 . . . .
19H00 . . . .
20H00 . . . .
21H00 . . . .
22H00 . . . .
23H00 . . . .

TOP PRIORITIES

. . . .
. . . .
. . . .
. . . .
. . . .

TO DO LIST

. . . .
. . . .
. . . .
. . . .
. . . .
. . . .

NOTES

. . . .
. . . .
. . . .
. . . .
. . . .
. . . .

MY DAILY PLANNER

DATE : . . . .

Mo	Tu	We	Th	Fr	Sa	Su
☐	☐	☐	☐	☐	☐	☐

SCHEDULE

06H00 . . . .
07H00 . . . .
08H00 . . . .
09H00 . . . .
10H00 . . . .
11H00 . . . .
12H00 . . . .
13H00 . . . .
14H00 . . . .
15H00 . . . .
16H00 . . . .
17H00 . . . .
18H00 . . . .
19H00 . . . .
20H00 . . . .
21H00 . . . .
22H00 . . . .
23H00 . . . .

TOP PRIORITIES

TO DO LIST

NOTES

MY DAILY PLANNER

DATE : . . . .

Mo	Tu	We	Th	Fr	Sa	Su
☐	☐	☐	☐	☐	☐	☐

SCHEDULE

06H00 . . . .
07H00 . . . .
08H00 . . . .
09H00 . . . .
10H00 . . . .
11H00 . . . .
12H00 . . . .
13H00 . . . .
14H00 . . . .
15H00 . . . .
16H00 . . . .
17H00 . . . .
18H00 . . . .
19H00 . . . .
20H00 . . . .
21H00 . . . .
22H00 . . . .
23H00 . . . .

TOP PRIORITIES

TO DO LIST

NOTES

MY DAILY PLANNER

DATE : . . . .

Mo	Tu	We	Th	Fr	Sa	Su
☐	☐	☐	☐	☐	☐	☐

——— SCHEDULE ———

——— TOP PRIORITIES ———

06H00 . . . .

07H00 . . . .

08H00 . . . .

09H00 . . . .

10H00 . . . .

——— TO DO LIST ———

11H00 . . . .

12H00 . . . .

13H00 . . . .

14H00 . . . .

15H00 . . . .

16H00 . . . .

——— NOTES ———

17H00 . . . .

18H00 . . . .

19H00 . . . .

20H00 . . . .

21H00 . . . .

22H00 . . . .

23H00 . . . .

MY DAILY PLANNER

DATE: . . . .

Mo Tu We Th Fr Sa Su
☐ ☐ ☐ ☐ ☐ ☐ ☐

SCHEDULE

06H00 . . . .
07H00 . . . .
08H00 . . . .
09H00 . . . .
10H00 . . . .
11H00 . . . .
12H00 . . . .
13H00 . . . .
14H00 . . . .
15H00 . . . .
16H00 . . . .
17H00 . . . .
18H00 . . . .
19H00 . . . .
20H00 . . . .
21H00 . . . .
22H00 . . . .
23H00 . . . .

TOP PRIORITIES

TO DO LIST

NOTES

MY DAILY PLANNER

DATE : . . . .

Mo	Tu	We	Th	Fr	Sa	Su
☐	☐	☐	☐	☐	☐	☐

———— SCHEDULE ————

06H00 . . . .

07H00 . . . .

08H00 . . . .

09H00 . . . .

10H00 . . . .

11H00 . . . .

12H00 . . . .

13H00 . . . .

14H00 . . . .

15H00 . . . .

16H00 . . . .

17H00 . . . .

18H00 . . . .

19H00 . . . .

20H00 . . . .

21H00 . . . .

22H00 . . . .

23H00 . . . .

———— TOP PRIORITIES ————

———— TO DO LIST ————

———— NOTES ————

MY DAILY PLANNER

DATE : . . . .

Mo	Tu	We	Th	Fr	Sa	Su
☐	☐	☐	☐	☐	☐	☐

SCHEDULE

06H00 . . . .
07H00 . . . .
08H00 . . . .
09H00 . . . .
10H00 . . . .
11H00 . . . .
12H00 . . . .
13H00 . . . .
14H00 . . . .
15H00 . . . .
16H00 . . . .
17H00 . . . .
18H00 . . . .
19H00 . . . .
20H00 . . . .
21H00 . . . .
22H00 . . . .
23H00 . . . .

TOP PRIORITIES

TO DO LIST

NOTES

MY DAILY PLANNER

DATE : . . . .

Mo	Tu	We	Th	Fr	Sa	Su
☐	☐	☐	☐	☐	☐	☐

———— SCHEDULE ————

06H00 . . . .

07H00 . . . .

08H00 . . . .

09H00 . . . .

10H00 . . . .

11H00 . . . .

12H00 . . . .

13H00 . . . .

14H00 . . . .

15H00 . . . .

16H00 . . . .

17H00 . . . .

18H00 . . . .

19H00 . . . .

20H00 . . . .

21H00 . . . .

22H00 . . . .

23H00 . . . .

———— TOP PRIORITIES ————

———— TO DO LIST ————

———— NOTES ————

MY DAILY PLANNER

DATE : . . . .

Mo	Tu	We	Th	Fr	Sa	Su
☐	☐	☐	☐	☐	☐	☐

SCHEDULE

06H00 . . . .
07H00 . . . .
08H00 . . . .
09H00 . . . .
10H00 . . . .
11H00 . . . .
12H00 . . . .
13H00 . . . .
14H00 . . . .
15H00 . . . .
16H00 . . . .
17H00 . . . .
18H00 . . . .
19H00 . . . .
20H00 . . . .
21H00 . . . .
22H00 . . . .
23H00 . . . .

TOP PRIORITIES

. . . .
. . . .
. . . .
. . . .
. . . .

TO DO LIST

. . . .
. . . .
. . . .
. . . .
. . . .
. . . .

NOTES

. . . .
. . . .
. . . .
. . . .
. . . .
. . . .
. . . .

MY DAILY PLANNER

DATE : . . . .

Mo	Tu	We	Th	Fr	Sa	Su
☐	☐	☐	☐	☐	☐	☐

——— SCHEDULE ———

06H00 ·

07H00 ·

08H00 ·

09H00 ·

10H00 ·

11H00 ·

12H00 ·

13H00 ·

14H00 ·

15H00 ·

16H00 ·

17H00 ·

18H00 ·

19H00 ·

20H00 ·

21H00 ·

22H00 ·

23H00 ·

——— TOP PRIORITIES ———

. . . .

. . . .

. . . .

. . . .

. . . .

——— TO DO LIST ———

. . . .

. . . .

. . . .

. . . .

. . . .

——— NOTES ———

. . . .

. . . .

. . . .

. . . .

. . . .

. . . .

MY DAILY PLANNER

DATE : . . . .

Mo	Tu	We	Th	Fr	Sa	Su
☐	☐	☐	☐	☐	☐	☐

SCHEDULE

06H00 . . . .
07H00 . . . .
08H00 . . . .
09H00 . . . .
10H00 . . . .
11H00 . . . .
12H00 . . . .
13H00 . . . .
14H00 . . . .
15H00 . . . .
16H00 . . . .
17H00 . . . .
18H00 . . . .
19H00 . . . .
20H00 . . . .
21H00 . . . .
22H00 . . . .
23H00 . . . .

TOP PRIORITIES

TO DO LIST

NOTES

MY DAILY PLANNER

DATE : ·

Mo	Tu	We	Th	Fr	Sa	Su
☐	☐	☐	☐	☐	☐	☐

———— SCHEDULE ————

——— TOP PRIORITIES ———

06H00 ·

07H00 ·

08H00 ·

09H00 ·

10H00 ·

11H00 ·

——— TO DO LIST ———

12H00 ·

13H00 ·

14H00 ·

15H00 ·

16H00 ·

——— NOTES ———

17H00 ·

18H00 ·

19H00 ·

20H00 ·

21H00 ·

22H00 ·

23H00 ·

MY DAILY PLANNER

DATE : . . . .

Mo	Tu	We	Th	Fr	Sa	Su
☐	☐	☐	☐	☐	☐	☐

SCHEDULE

06H00 . . . .

07H00 . . . .

08H00 . . . .

09H00 . . . .

10H00 . . . .

11H00 . . . .

12H00 . . . .

13H00 . . . .

14H00 . . . .

15H00 . . . .

16H00 . . . .

17H00 . . . .

18H00 . . . .

19H00 . . . .

20H00 . . . .

21H00 . . . .

22H00 . . . .

23H00 . . . .

TOP PRIORITIES

TO DO LIST

NOTES

MY DAILY PLANNER

DATE : . . . .

Mo	Tu	We	Th	Fr	Sa	Su
☐	☐	☐	☐	☐	☐	☐

SCHEDULE

06H00 ·

07H00 ·

08H00 ·

09H00 ·

10H00 ·

11H00 ·

12H00 ·

13H00 ·

14H00 ·

15H00 ·

16H00 ·

17H00 ·

18H00 ·

19H00 ·

20H00 ·

21H00 ·

22H00 ·

23H00 ·

TOP PRIORITIES

TO DO LIST

NOTES

MY DAILY PLANNER

DATE : . . . .

Mo	Tu	We	Th	Fr	Sa	Su
☐	☐	☐	☐	☐	☐	☐

SCHEDULE

06H00 . . . .
07H00 . . . .
08H00 . . . .
09H00 . . . .
10H00 . . . .
11H00 . . . .
12H00 . . . .
13H00 . . . .
14H00 . . . .
15H00 . . . .
16H00 . . . .
17H00 . . . .
18H00 . . . .
19H00 . . . .
20H00 . . . .
21H00 . . . .
22H00 . . . .
23H00 . . . .

TOP PRIORITIES

TO DO LIST

NOTES

MY DAILY PLANNER

DATE : . . . .

Mo	Tu	We	Th	Fr	Sa	Su
☐	☐	☐	☐	☐	☐	☐

SCHEDULE

06H00 . . . .

07H00 . . . .

08H00 . . . .

09H00 . . . .

10H00 . . . .

11H00 . . . .

12H00 . . . .

13H00 . . . .

14H00 . . . .

15H00 . . . .

16H00 . . . .

17H00 . . . .

18H00 . . . .

19H00 . . . .

20H00 . . . .

21H00 . . . .

22H00 . . . .

23H00 . . . .

TOP PRIORITIES

TO DO LIST

NOTES

MY DAILY PLANNER

DATE : . . . .

Mo	Tu	We	Th	Fr	Sa	Su
☐	☐	☐	☐	☐	☐	☐

SCHEDULE

06H00 . . . .
07H00 . . . .
08H00 . . . .
09H00 . . . .
10H00 . . . .
11H00 . . . .
12H00 . . . .
13H00 . . . .
14H00 . . . .
15H00 . . . .
16H00 . . . .
17H00 . . . .
18H00 . . . .
19H00 . . . .
20H00 . . . .
21H00 . . . .
22H00 . . . .
23H00 . . . .

TOP PRIORITIES

TO DO LIST

NOTES

MY DAILY PLANNER

DATE : . . . .

Mo	Tu	We	Th	Fr	Sa	Su
☐	☐	☐	☐	☐	☐	☐

SCHEDULE

06H00 . . . .

07H00 . . . .

08H00 . . . .

09H00 . . . .

10H00 . . . .

11H00 . . . .

12H00 . . . .

13H00 . . . .

14H00 . . . .

15H00 . . . .

16H00 . . . .

17H00 . . . .

18H00 . . . .

19H00 . . . .

20H00 . . . .

21H00 . . . .

22H00 . . . .

23H00 . . . .

TOP PRIORITIES

TO DO LIST

NOTES

MY DAILY PLANNER

DATE : . . . .

Mo Tu We Th Fr Sa Su
☐ ☐ ☐ ☐ ☐ ☐ ☐

——— SCHEDULE ———

06H00 . . . .
07H00 . . . .
08H00 . . . .
09H00 . . . .
10H00 . . . .
11H00 . . . .
12H00 . . . .
13H00 . . . .
14H00 . . . .
15H00 . . . .
16H00 . . . .
17H00 . . . .
18H00 . . . .
19H00 . . . .
20H00 . . . .
21H00 . . . .
22H00 . . . .
23H00 . . . .

——— TOP PRIORITIES ———

. . . .
. . . .
. . . .
. . . .
. . . .

——— TO DO LIST ———

. . . .
. . . .
. . . .
. . . .
. . . .

——— NOTES ———

. . . .
. . . .
. . . .
. . . .
. . . .
. . . .

MY DAILY PLANNER

DATE : . . . .

Mo Tu We Th Fr Sa Su
☐ ☐ ☐ ☐ ☐ ☐ ☐

──── SCHEDULE ──────   ──── TOP PRIORITIES ────

06H00 . . . .
. . . .
07H00 . . . .
. . . .
08H00 . . . .
. . . .
09H00 . . . .
. . . .
10H00 . . . .

──── TO DO LIST ────

11H00 . . . .
. . . .
12H00 . . . .
. . . .
13H00 . . . .
. . . .
14H00 . . . .
. . . .
15H00 . . . .
. . . .
16H00 . . . .

──── NOTES ────

17H00 . . . .
. . . .
18H00 . . . .
. . . .
19H00 . . . .
. . . .
20H00 . . . .
. . . .
21H00 . . . .
. . . .
22H00 . . . .
. . . .
23H00 . . . .
. . . .

MY DAILY PLANNER

DATE : . . . .

	Mo	Tu	We	Th	Fr	Sa	Su
	☐	☐	☐	☐	☐	☐	☐

SCHEDULE

06H00 . . . .
07H00 . . . .
08H00 . . . .
09H00 . . . .
10H00 . . . .
11H00 . . . .
12H00 . . . .
13H00 . . . .
14H00 . . . .
15H00 . . . .
16H00 . . . .
17H00 . . . .
18H00 . . . .
19H00 . . . .
20H00 . . . .
21H00 . . . .
22H00 . . . .
23H00 . . . .

TOP PRIORITIES

TO DO LIST

NOTES

MY DAILY PLANNER

DATE : . . . .

Mo	Tu	We	Th	Fr	Sa	Su
☐	☐	☐	☐	☐	☐	☐

SCHEDULE

6H00 . . . .

7H00 . . . .

8H00 . . . .

9H00 . . . .

10H00 . . . .

11H00 . . . .

12H00 . . . .

13H00 . . . .

14H00 . . . .

15H00 . . . .

16H00 . . . .

17H00 . . . .

18H00 . . . .

19H00 . . . .

20H00 . . . .

21H00 . . . .

22H00 . . . .

23H00 . . . .

TOP PRIORITIES

. . . .

. . . .

. . . .

. . . .

. . . .

TO DO LIST

. . . .

. . . .

. . . .

. . . .

. . . .

NOTES

. . . .

. . . .

. . . .

. . . .

. . . .

MY DAILY PLANNER

DATE : . . . .

Mo	Tu	We	Th	Fr	Sa	Su
☐	☐	☐	☐	☐	☐	☐

———— SCHEDULE ————

06H00 . . . .
07H00 . . . .
08H00 . . . .
09H00 . . . .
10H00 . . . .
11H00 . . . .
12H00 . . . .
13H00 . . . .
14H00 . . . .
15H00 . . . .
16H00 . . . .
17H00 . . . .
18H00 . . . .
19H00 . . . .
20H00 . . . .
21H00 . . . .
22H00 . . . .
23H00 . . . .

———— TOP PRIORITIES ————

. . . .
. . . .
. . . .
. . . .
. . . .

———— TO DO LIST ————

. . . .
. . . .
. . . .
. . . .
. . . .

———— NOTES ————

. . . .
. . . .
. . . .
. . . .
. . . .

MY DAILY PLANNER

DATE : . . . .

Mo	Tu	We	Th	Fr	Sa	Su
☐	☐	☐	☐	☐	☐	☐

SCHEDULE

6H00 . . . .

7H00 . . . .

8H00 . . . .

9H00 . . . .

0H00 . . . .

1H00 . . . .

2H00 . . . .

3H00 . . . .

4H00 . . . .

5H00 . . . .

6H00 . . . .

7H00 . . . .

8H00 . . . .

9H00 . . . .

0H00 . . . .

1H00 . . . .

2H00 . . . .

3H00 . . . .

TOP PRIORITIES

. . . .

. . . .

. . . .

. . . .

. . . .

TO DO LIST

. . . .

. . . .

. . . .

. . . .

. . . .

NOTES

. . . .

. . . .

. . . .

. . . .

. . . .

. . . .

MY DAILY PLANNER

DATE : . . . .

Mo	Tu	We	Th	Fr	Sa	Su
☐	☐	☐	☐	☐	☐	☐

—— SCHEDULE ——

06H00 . . . .

07H00 . . . .

08H00 . . . .

09H00 . . . .

10H00 . . . .

11H00 . . . .

12H00 . . . .

13H00 . . . .

14H00 . . . .

15H00 . . . .

16H00 . . . .

17H00 . . . .

18H00 . . . .

19H00 . . . .

20H00 . . . .

21H00 . . . .

22H00 . . . .

23H00 . . . .

—— TOP PRIORITIES ——

—— TO DO LIST ——

—— NOTES ——

MY DAILY PLANNER

DATE : . . . .

Mo	Tu	We	Th	Fr	Sa	Su
☐	☐	☐	☐	☐	☐	☐

———— SCHEDULE ————

6H00 . . . .

7H00 . . . .

8H00 . . . .

9H00 . . . .

10H00 . . . .

11H00 . . . .

12H00 . . . .

13H00 . . . .

14H00 . . . .

15H00 . . . .

16H00 . . . .

17H00 . . . .

18H00 . . . .

19H00 . . . .

20H00 . . . .

21H00 . . . .

22H00 . . . .

23H00 . . . .

———— TOP PRIORITIES ————

. . . .

. . . .

. . . .

. . . .

. . . .

———— TO DO LIST ————

. . . .

. . . .

. . . .

. . . .

. . . .

. . . .

———— NOTES ————

. . . .

. . . .

. . . .

. . . .

. . . .

. . . .

. . . .

MY DAILY PLANNER

DATE : . . . .

Mo Tu We Th Fr Sa Su
☐ ☐ ☐ ☐ ☐ ☐ ☐

SCHEDULE

06H00 . . . .
07H00 . . . .
08H00 . . . .
09H00 . . . .
10H00 . . . .
11H00 . . . .
12H00 . . . .
13H00 . . . .
14H00 . . . .
15H00 . . . .
16H00 . . . .
17H00 . . . .
18H00 . . . .
19H00 . . . .
20H00 . . . .
21H00 . . . .
22H00 . . . .
23H00 . . . .

TOP PRIORITIES

. . . .
. . . .
. . . .
. . . .
. . . .

TO DO LIST

. . . .
. . . .
. . . .
. . . .
. . . .
. . . .

NOTES

. . . .
. . . .
. . . .
. . . .
. . . .
. . . .
. . . .

MY DAILY PLANNER

DATE : . . . .

Mo	Tu	We	Th	Fr	Sa	Su
☐	☐	☐	☐	☐	☐	☐

SCHEDULE

06H00 . . . .

07H00 . . . .

08H00 . . . .

09H00 . . . .

10H00 . . . .

11H00 . . . .

12H00 . . . .

13H00 . . . .

14H00 . . . .

15H00 . . . .

16H00 . . . .

17H00 . . . .

18H00 . . . .

19H00 . . . .

20H00 . . . .

21H00 . . . .

2H00 . . . .

3H00 . . . .

TOP PRIORITIES

. . . .

. . . .

. . . .

. . . .

. . . .

TO DO LIST

. . . .

. . . .

. . . .

. . . .

. . . .

NOTES

. . . .

. . . .

. . . .

. . . .

. . . .

. . . .

. . . .

MY DAILY PLANNER

DATE : . . . .

Mo	Tu	We	Th	Fr	Sa	Su
☐	☐	☐	☐	☐	☐	☐

SCHEDULE

06H00 . . . .
07H00 . . . .
08H00 . . . .
09H00 . . . .
10H00 . . . .
11H00 . . . .
12H00 . . . .
13H00 . . . .
14H00 . . . .
15H00 . . . .
16H00 . . . .
17H00 . . . .
18H00 . . . .
19H00 . . . .
20H00 . . . .
21H00 . . . .
22H00 . . . .
23H00 . . . .

TOP PRIORITIES

TO DO LIST

NOTES

Made in the USA
Middletown, DE
07 April 2023

28435340R00073